와이즈만 환경과학 그림책은 우리 환경, 푸른 지구를 지켜 나가는 길을 함께 찾아가는 시리즈입니다.

와이즈만 환경과학 그림책 ❷
똥장군 토룡이 실종 사건

초판 1쇄 발행 | 2013년 4월 4일
초판 8쇄 발행 | 2022년 9월 26일

권혜정 글 | 소노수정 그림 | 와이즈만 영재교육연구소 감수
발행처 | 와이즈만BOOKs
발행인 | 염만숙
출판사업본부장 | 김현정
편집 | 오미현 원선희
마케팅 | 강윤현 백미영

출판등록 | 1998년 7월 23일 제1998-000170
제조국 | 대한민국
사용 연령 | 5세 이상
주소 | 서울특별시 서초구 남부순환로 2219 나노빌딩 5층
전화 | 마케팅 02-2033-8987 편집 02-2033-8928
팩스 | 02-3474-1411
전자우편 | books@askwhy.co.kr
홈페이지 | mindalive.co.kr

잘못된 책은 구입처에서 바꿔 드립니다.

저작권자 ⓒ 2013 권혜정 소노수정
이 책의 저작권은 권혜정 소노수정에게 있습니다.
저자와 출판사의 허락 없이 내용의 일부를 인용하거나 발췌하는 것을 금합니다.

똥장군 토룡이 실종 사건

흙이 되는 지렁이 똥, 분변토 이야기

권혜정 글 | 소노수정 그림 | 와이즈만 영재교육연구소 감수

와이즈만 BOOKs

달빛이 구름 속에 숨은 깜깜한 밤이었어.
세찬 바람이 창문을 때리고
추적추적 비까지 내리기 시작했지.
딱 내가 좋아하는 날씨야.
달빛을 가려 주는 구름, 소리를 덮어 주는 바람,
그리고 발자국을 지워 주는 비까지…….
이렇게 삼박자가 맞아떨어지는 밤에는
꼭 사건이 벌어지곤 하거든.

여기서 잠깐, 내 소개를 할게.
난 밤나무 숲의 탐정이야.
숲에서 벌어지는 온갖 사건을 해결하지.
할미새 둥지에 알을 낳고 도망간
뻐꾸기를 잡는 간단한 사건부터,
땅지네가 잃어버린 아흔아홉 번째 신발
찾아 주기 같은 복잡한 사건까지…….
밤나무 숲은 하루도 조용할 날이 없어.

'똑똑똑!'
봐, 역시나 누군가 탐정 사무소를 찾아왔어.

"사라진 내 치, 친구 토룽이를 찾아 줘."

사라진 친구라…… 실종 사건이로군.

"토룽이는 오동통하니 먹음직…… 아니,
착하게 생긴 녀석이야."

머리끝부터 발끝까지 꽁꽁 싸맨 옷차림에
횡설수설하는 말투.

어쩐지 이상한 의뢰인이었어.

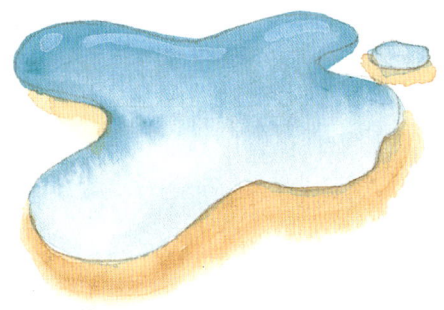

"대왕 밤나무 밑에 사는 친구지. 이게 그 녀석 사진이야."
의뢰인은 사진 한 장을 손에 쥐어 주고
무언가 물어볼 새도 없이 황급히 사라졌어.
의뢰인이 쥐어 준 사진 속 토룡이는 바로 지렁이였어.

지렁이는 이렇게 생겼어

지렁이는 땅속에서 사는 동물이야.
머리에 숨어 있는 빨판으로
무엇이든 빨아 먹는단다.
어디가 머리고, 어디가 꼬리냐고?

목에 두른 하얗고 넓적한
고리 모양의 띠를 '환대'라고 불러.
이 환대가 있는 쪽이 바로 머리야.
꼬마 지렁이는 환대가 없어.
환대는 알을 낳는 주머니거든.

환대

몸은 고리 모양을 한
여러 개의 마디로 이루어져 있어.
마디는 100개도 훌쩍 넘으니까
세어 볼 생각은 안 하는 게 좋아.

지렁이는 매끈하고 촉촉한
피부를 가진 피부 미인이야.
피부를 통해서 숨을 쉬는데,
피부가 촉촉해야 숨쉬기가 편하거든.

수사 첫째 날

먼저 토룡이 굴을 찾아갔어.
깊은 땅속에 미로처럼 뚫린 길을
몇 번 헤맨 끝에 겨우겨우 찾았지.
굴은 어둡고 서늘하고 축축했어.
오래 있다간 몸에
곰팡이가 필 것 같아
서둘러 조사를 시작했어.

조사를 마치고 나오는데 누군가 다가왔어.
"내 친구의 집을 조사했나 보군."
얼굴을 내민 건 이번 사건의 의뢰인이었어.
"빨리 찾아 줘, 탐정. 녀석이 통통해지길…… 아, 아니
내 말은, 통통배를 타고 함께 놀러 가길
얼마나 기다렸다고."
말을 마치고 의뢰인이 군침을 꿀꺽 삼켰어.
잠깐, 그러고 보니 아직 의뢰인의 이름도 모르잖아!

"내 이름? 그, 그러니까……."
의뢰인은 얼굴이 빨개지더니
눈에 띄게 당황하기 시작했어.

탐정 사무소로 돌아오자마자 토롱이의 일기장을 펼쳤어.
그나저나 숙제도 아닌데 스스로 일기를 쓰다니,
별 특이한 녀석이 다 있지 뭐야.

날짜 : 개척자 꿈틀대왕력 3억 5천만 **2011년 11월 13일**
날씨 : 기분 좋게 축축

오늘도 놀이터에서 신 나게 술래잡기를 했다.
공벌레가 술래였는데, 발이 많아 쫓아오는 속도가 겁나게 빨랐다.

하지만 난 다섯 갈래 미로를 뚫어 멋지게 따돌렸다.
공벌레는 미로를 헤매다 지쳐서 결국 뒤집어지고 말았다.

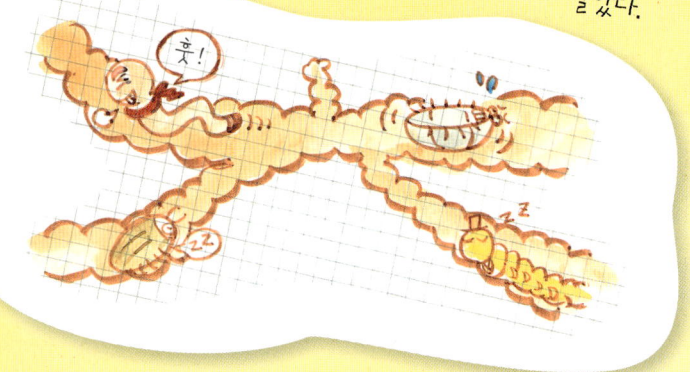

이렇게 땅굴을 파 놓으면
딱정벌레랑 지네랑 온갖 벌레들이
슬그머니 이사를 온다.
내가 판 굴이 제일 튼튼하다나?
당연하지! 난 끈끈액으로
흙을 단단하게 다지면서 다니니까!
그런데 돈도 안 내고 자꾸만
빈대 붙는 건 좀 괘씸하다.

후후, 역시 나는
땅속의 왕자!

땅속에 길을 뚫는 건 내 특기!
내가 뒤엎은 땅은
흙도 포슬포슬 보드라워지고,
공기도 훅훅 들어온다.
딱딱하게 흙이 굳어 죽어 가던
대왕 밤나무도, 뿌리가 숨 쉴 길을
뚫어 준 덕분에 살아났단 말씀!

내일은 일곱 갈래 미로에 도전해야지.

흙을 이롭게 하는 농부, 지렁이

밭에 지렁이가 살면 어떻게 될까?

농사를 짓기 위해서 씨를 뿌리기 전에 흙을 먼저 갈아엎어. 그러면 딱딱하게 굳은 흙이 부드러워지고, 낙엽이나 퇴비 등 땅 위의 거름이 땅속으로 잘 섞이지. 또 공기 중의 산소가 땅속 깊이 들어갈 수 있어.

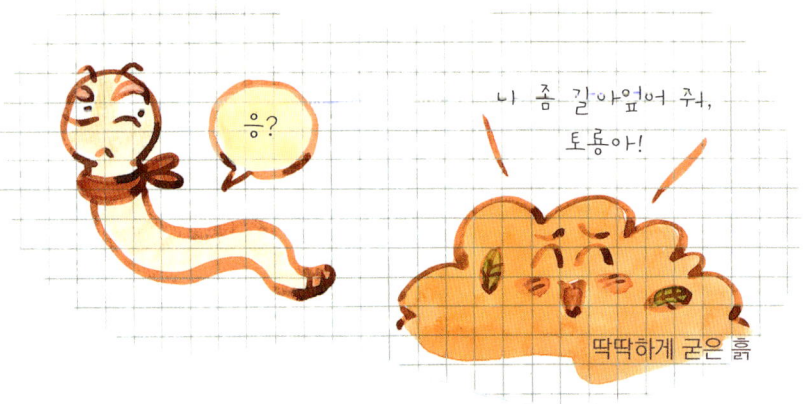

그런데 밭에 지렁이가 살면 지렁이가 굴을 파면서 낙엽이나 나무뿌리 등을 물고 땅속 깊이 들어가지. 또 반대로 땅속 깊숙이 있던 흙을 밖으로 운반하기도 해. 이렇게 지렁이가 사는 땅은 흙이 골고루 섞이게 돼. 지렁이는 살아 숨 쉬는 쟁기인 셈이야.

지렁이가 갈아 놓은 땅에서는 어떤 일이 벌어질까?

지렁이가 먹고 뱉은 흙에는 양분이 많아 식물이 무럭무럭 자랄 수 있어.
부드러워진 흙으로 신선한 공기가 드나들고
빗물도 잘 스며들어 뿌리가 물을 충분히 빨아들일 수 있지.

지렁이가 파 놓은 땅굴은 흙 속에 사는 다른 벌레들의 집이 되기도 해.

수사 둘째 날

토룡이가 술래잡기를 했다는 놀이터를 찾아갔어.
친구들이라면 토룡이의 행방을 알고 있지 않을까?

거미

쥐며느리

공벌레

진드기

노래기

딱정벌레

선충

땅속 친구들의 증언

이름 : 공벌레
특징 : 토룡이의 술래잡기 동무.
   적이 나타나면 몸을 콩처럼
   둥글게 말 수 있어서
   별명이 '공벌레'.

토룡이는 엄청난 먹보야.
하루에 자기 몸무게만큼
먹어 치우는 녀석이거든.
낙엽, 동물 똥, 음식 찌꺼기 등
닥치는 대로 먹어 치우고
똥도 시원하게 싸지.
그래서 별명이
'똥장군'이야.

이름 : 박테리아
특징 : 흙 속, 사람이나 동물의 몸속, 나무 등 아무 데서나 먹고 잠. 무엇이든 썩히는 재주가 있음.

토룡이는 내가 먼저 맛본 음식을 좋아해. 맛있게 썩혀서 줘야 구미가 당긴다나? 가끔은 흙에 섞여서 토룡이 몸속을 여행하기도 해. 토룡이 배 속에는 우리 박테리아들이 좋아하는 맛좋은 물이 들어 있거든.

이름 : 톡토기
특징 : 높이뛰기 선수.
날개는 없지만 배에 있는 돌기로 10cm나 폴짝 뛸 수 있음.
너무 작아서 현미경 없이 관찰하려다가는 눈 빠질지도 모름.

오는 길에 보니까 대왕 밤나무 아래
똥 무더기가 쌓여 있던데,
토룡이가 싸 놓은 거 아닐까?
토룡이가 즐겨 찾는
화장실이 거기거든.

대왕 밤나무 아래라고?
똥 무더기가 있단 말이지.
뭔가 중요한 표시 같은데…….

서둘러 대왕 밤나무 아래로 가 보니
과연 무언가가 높이 쌓여 있었어.
"분변토로군!"
분변토는 지렁이가 눈 똥을 말해.
영양 만점 분변토는 식물들이 제일 좋아하는 흙이지.
분변토가 있는 걸 보니
토룡이가 얼마 전까지 여기 있었던 게 분명해.
과연 똥장군답게 푸짐하게도 싸 놓았군.

주요 증거물

지렁이 똥, '분변토'는 영양이 풍부해서 흙을 기름지게 해.
땅에 떨어진 낙엽이나 죽은 벌레, 동물의 똥이
지렁이 배 속에 들어갔다 나오면
훌륭한 천연 비료가 되는 셈이야.

뿌지직

창자를 지나면서 박테리아의 도움으로 영양분이 풍부한 흙으로 바뀌어.

영양 만점의 똥을 누지.

수사 셋째 날

개미가 탐정 사무소를 찾아왔어.

"어제 술래잡기를 하다가 이걸 주웠는데, 토룡이 것 같아서."

개미가 내민 것은 지렁이 꼬리였어.

지렁이는 적의 공격을 받으면 꼬리를 자르고 달아나기도 해.

재생 능력이 있어서 꼬리가 잘려도 다시 자라나거든.

토룡이는 적의 공격을 받아 도망친 건지도 몰라.

토룡이의 적을 한번 조사해 볼까?

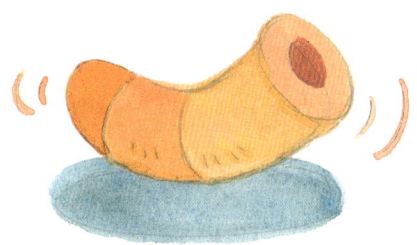

스컹크

굴 속에 있는 지렁이를 긴 발톱으로 악착같이 파내는 끈질긴 적.
전투력 ★★★

냄새가 장난 아님.

지네

날카로운 독 발톱으로 지렁이를 찔러 마비시키는 무시무시한 적.
전투력 ★★★

다리 세다가 까먹었다!

두더지

멀리 떨어진 지렁이 냄새도 기막히게 잘 맡음. 기분 좋으면 하루에 지렁이 60 마리를 먹어 치우기도 함.
전투력 ★★★★★

토룡이를 위협하는 적들

개똥지빠귀

지렁이 꼬리 떼 가기 선수.
자기 혼자 먹는 것도 모자라
새끼 입에도 넣어 줌.

전투력 ★★★★

☆인 간☆

토룡탕을 끓여 먹음. 낚싯바늘에
지렁이를 꿰어 붕어 밥으로 주기도
하고, 괜히 마디마디 잘라 보기도 함.

전투력 ★★★★★★★

그 외에 너구리, 딱정벌레, 부엉이, 생쥐, 개구리 등이 있음!

동물들은 서로 잡아먹고,
잡아먹히기도 하면서 돌고 돌아.

지렁이가 눈 똥을 먹고 풀이 자라고
풀을 메뚜기가 먹고
냠냠
메뚜기를 개구리가 먹고
쩌억
개구리를 뱀이 먹고
날름
뱀을 새가 먹고
꿀꺽
새가 눈 똥에 지렁이가 꼬물

급히 지렁이의 꼬리가 발견된 장소로 달려갔어.
범인이 흔적을 남겼을지도 모르니까.

아니나 다를까, 여기저기 발자국이 찍혀 있었어.
하지만 꼭 급하게 없애려고 한 것처럼
대부분 지워져 있었지.
누군가 한발 앞서 발자국을 지운 게 틀림없어.
대체 누구지?

"토롱이는 아직 못 찾았나, 탐정?"

파아아아

눈앞에 나타난 건 지더두였어.
지더두는 지렁이 꼬리를 보더니
눈이 휘둥그레지며 주르륵 흐르는 침을
쓱 문질러 닦았어.

흙이 잔뜩 묻은
앞발이 눈에 들어왔어.

남아 있는 발자국과
지더두의 앞발을 번갈아 쳐다보자
지더두는 당황한 듯 몹시 허둥댔어.

나, 나, 난 바빠서 갈게!
수고해, 탐정.

다시 한번 땅에 남아 있는 발자국을 살펴봤어.
지더두가 남긴 자국이 틀림없었지.
그리고 조금 전 지더두의 발 모양은 분명……

앞발이 땅을 파기 좋게
꽃삽 모양으로 생겼어.

발은 넓적하고
발가락은 다섯 개야.

발톱은 코딱지를 파기 좋게
길고 끝이 뾰족하지.

"이건 두더지 발이잖아!
지더두는 바로 **두더지**였어!"
저 녀석은 토룡이의 친구가 아니라 적이야.
그런데 왜 토룡이를 찾으려는 거지?
미심쩍은 부분이 많았지만
의뢰받은 사건이니 일단
수사를 계속하는 게 좋겠어.

내가 아무리 먹성이 좋다지만,
썩지 않는 것들은 먹을 수가 없다고!
먹는 게 부실해서 그런지
방귀가 자꾸 나오고 머리도 핑핑 돈다.
병이 난 게 아닐까?
혹시 모르니 건강 검진 한번 받아 봐야지.

★ 지금 당장 먹고 싶은 것 ★

곰팡이 핀 빵   박테리아가 뱉은 바나나 껍질   푹 물러진 양배추   멜론

땅이 울린다고?
게다가 흙 맛이 변했다니…….
흙은 다 똑같은 맛 아닌가?

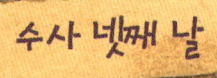

수사 넷째 날

밤나무 숲의 흙을 조사하다가
전에 보지 못한 안내판을 발견했어.

밤나무 컨트리클럽 골프장 공사 계획

1. **공사 이유** : 소나무 컨트리클럽 골프장에 회원이 바글바글해, 골프장을 하나 더 만들고자 함.
2. **공사 위치** : 밤나무 숲
3. **공사 준비 작업** : 밤나무를 모두 잘라 내고 산허리를 깎는다.
   땅에 살충제와 살균제를 잔뜩 뿌린다.
   (골프 치다 갑자기 지렁이나 두더지가 튀어나오지 않게)
   잔디를 심고 나서도 계속해서 맹독성 농약을 뿌린다.

이에 따라 지역 주민 및 숲 속 동물들의 협조를 바람.
특히 **지렁이!** 골프장 잔디에 똥 싸는 것 절대 금지!

― 건설 소장 씀 ―

토룡이 말이 맞았어!
밤나무 숲 흙에 변화가 일어나고 있었던 거야.
땅속 동물들이 돌아다니면
골프를 칠 때 방해가 되니까,
살충제와 살균제를 마구 뿌려 없애려 한 거야.
토룡이가 못 견디고 떠난 것은 아닐까?

급히 탐정 사무소로 돌아와
토룡이의 일기장을 훑어보았어.
"여기 있다! 찾았어!"
나는 너무 놀라 입을 틀어막았지.
숲에서는 더욱 무서운 일이 벌어지고 있었어.

녀석, 만화까지 그리다니!

* 호외 : 특별한 일이 있을 때 임시로 발행하는 신문이나 잡지

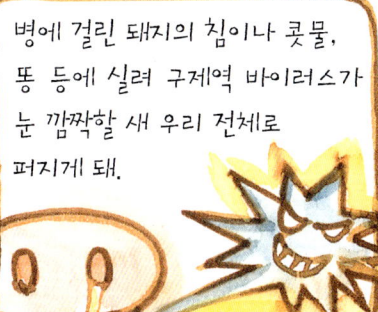

구제역은 빠른 속도로 전파되는 전염병이야.

헛 빠르다.
악!
케케케!
슈웅
다래끼 감기 구제역

신종 플루나 조류 독감처럼 바이러스 때문에 생기는데,

헤헤!

바이러스는 아주 쉽게 전파되는 특성이 있거든.

퐁 퐁 퐁 퐁

그런데 바이러스에는 '잠복기'가 있어.

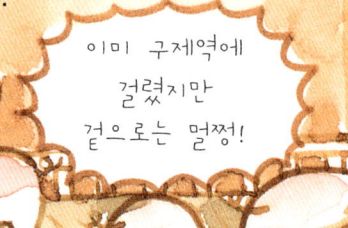

잠복기는 감염은 됐지만 아무 증상이 나타나지 않는 시기를 말해.

이미 구제역에 걸렸지만 겉으로는 멀쩡!

이런 돼지를 살려 둔다면 그 피해는 어마어마하게 커질 거야.

이런 경우 예방 차원에서 주변 돼지들까지 죽일 수밖에 없는 거지.

잠시 묵념을 하고 나서 이야기를 마저 들려줄게.

골프장 건설과 침출수 때문에 땅이 오염되고 있다니!

토룡이가 사라진 건 이 때문일 거야.

그렇다면 어디로 갔을까?

일기를 좀 더 살펴봐야겠어.

얼마 전부터 웬 녀석이
자꾸 숨어서 날 엿보고 있다.
앞집 사는 꿈틀이가 어제 공격을 받아
꼬리를 끊고 겨우 달아났다던데,
같은 녀석 아닐까?

아마 두더지 얘기인 것 같다.

배추흰나비 애벌레에게 웨이브 댄스를 배웠다.
먼저 머리를 움직이고,
그다음은 몸, 꼬리 순으로 유연하게 꿈틀꿈틀.
난 웨이브 댄스에 소질이 있다.

이건 자기 자랑이군.

옆집 사는 지렁이가 알을 낳았다.
환대에서 생긴 알 주머니가
머리로 밀려 나오더니
레몬 같은 알을 쑤욱.
이 안에서 많으면 열 쌍둥이까지 태어난단다.
한 달 후에 다시 축하해 주러 가야지!

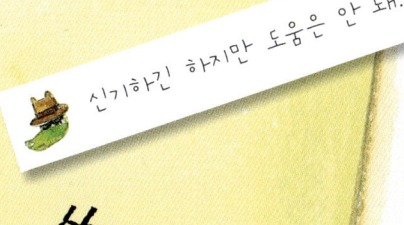
신기하긴 하지만 도움은 안 돼.

쏙

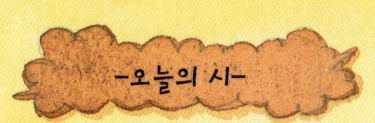
-오늘의 시-

우걱.
뿌직.
우걱우걱.
뿌직뿌직.
우걱우걱우걱.
뿌직뿌직뿌직.

오늘도 난 땅을 살린다.

지렁이와 아기

선물 : 사과 껍질로 만든 향기로운 꽃다발

별로 아름답지는 않은 시로군.

잠깐, 이건 뭐지?

지렁이가 기어가는 듯한 이 무늬는 뭐지?
지렁이끼리의 비밀 암호인가?

곰팡이……, 톡토기……, 방귀……, 에…… 또……
별표까지 해 놓은 이 암호는 뭐지?
분명 뭔가 있어.
이걸 풀면 토룡이가 간 곳을 알 수 있을 것 같아.
간만에 실력 좀 발휘해 볼까?

먼저 곰팡이, 톡토기, 방귀의 낱자를 각 암호에 대입해 보자.

곰팡이는 កឈឃ ជដឆ ឆន
ㄱ ㅗ ㅁ ㅍㅏㅇ ㅇㅣ

톡토기는 ខឈក ខឈ កន
ㅌ ㅗ ㄱ ㅌ ㅗ ㄱㅣ

방귀는 ងដឆ កថន
ㅂ ㅏ ㅇ ㄱㅜㅣ

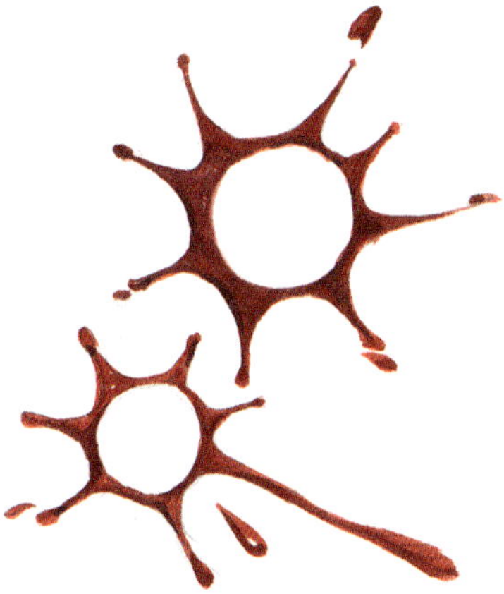

이제 일기에 표시된 순서대로 글자를 배열하면

ខឈ ឃដ ខឈ ងដខ
ㅌㅗ ㅁㅏ ㅌㅗ ㅂㅏㅌ

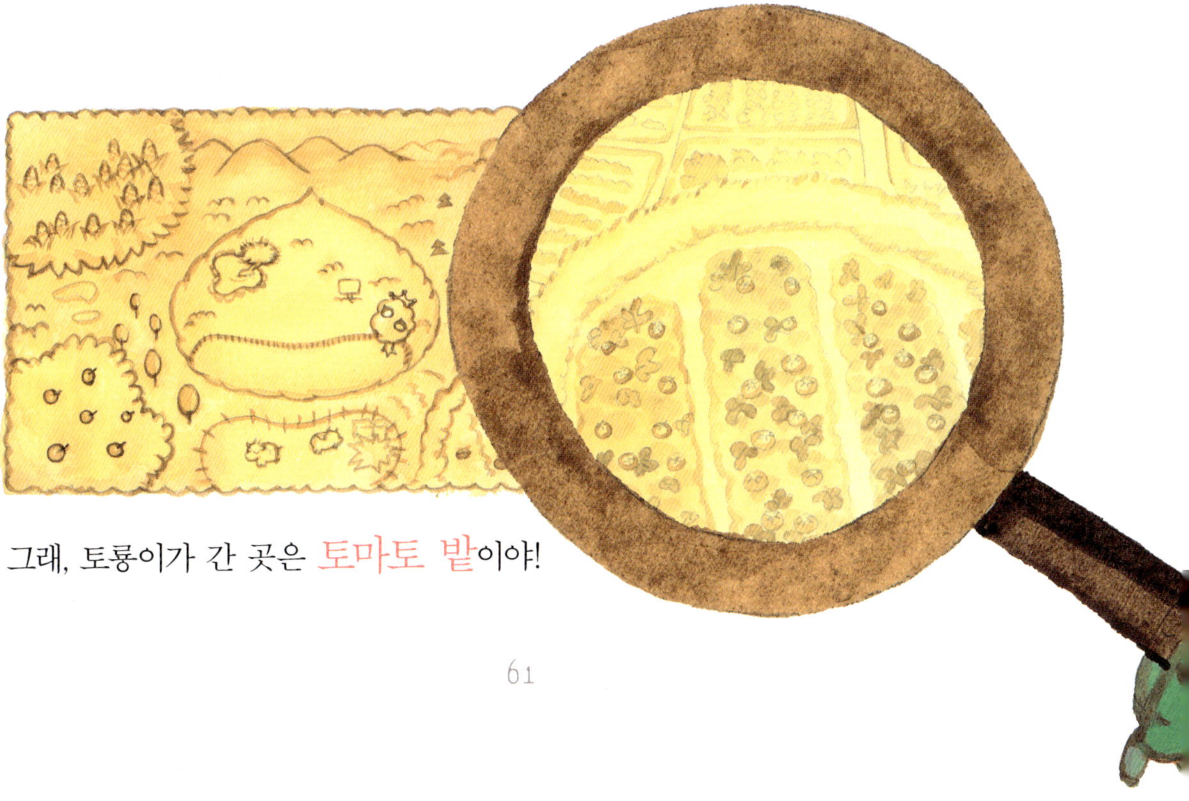

그래, 토룡이가 간 곳은 토마토 밭이야!

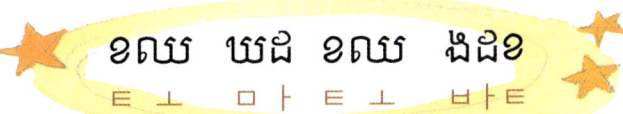

비가 보슬보슬 내리는 저녁

마침내 토룡이를 만났어.

"새로 이사한 집에 비가 새기 시작했어.

비 오는 날은 정말 구질구질하다니까."

토룡이는 보자마자 수다를 떨기 시작했어.

"예전 집은 대왕 밤나무가 비를 막아 줘서 좋았는데…….

하지만 흙 맛이 예전 같지 않아서

어쩔 수 없이 떠나야 했지 뭐야. 게다가……."

갑자기 토룡이가 입을 다물었어.

누군가 땅을 쿵쿵 울리며 다가오고 있었어.

이키! 지더두…… 아니, 두더지가 뒤를 밟았나 봐.
두더지는 꽁꽁 싸맸던 옷을 벗어 던지고
군침을 흘리며 토룡이에게 덤벼들었어.
"으악! 싫어, 저리 가!"
토룡이는 센털을 땅속에 푹 박아 넣더니
땅에 납작하게 붙어 버티기에 들어갔어.
"어림없지!"
두더지가 막 토룡이를 잡아채려고 할 때였어.

'쉬익!' 날카로운 소리와 함께
검은 그림자가 드리우더니,
발톱을 세운 매가 재빠르게
두더지의 꼬리를 낚아채 하늘로 올라갔어.

흐어 어어어어 어어허헝

두더지의 애처로운 비명이 멀리멀리 울려 퍼졌어.
"휴, 이래서 앞날은 모르는 법이라니까."
토룡이는 가슴을 쓸어내리곤
꾸물꾸물 땅속으로 들어가 버렸어.
토마토 밭의 흙을 부지런히 먹어 치우면서 말이야.

그나저나 의뢰인이 사라졌으니…….

사건 해결 비용은 누구한테 받는담?

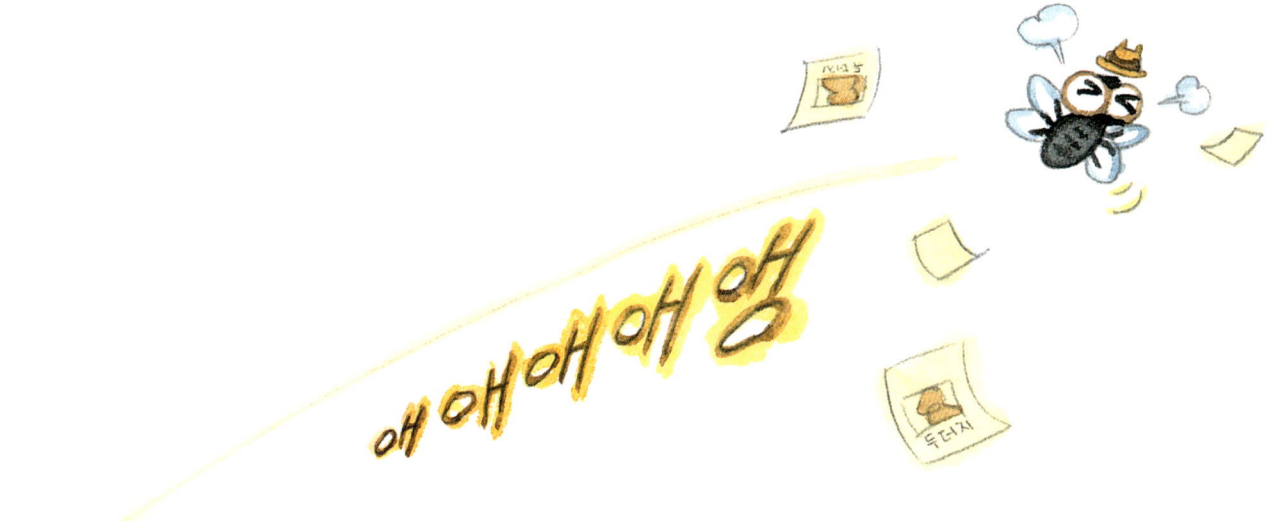

토룡이가 들려주는 환경 이야기

- 평화로운 땅속 세상에 전쟁을 일으키는 것들

농약을 쓰지 마세요!
배추를 빨리, 많이 수확하려고 농약과 화학 비료를 뿌리면 어떻게 될까? 땅이 오염되고, 오염된 흙을 먹고 자란 배추도, 배추를 먹은 동물들의 몸에도 오염 물질이 쌓이지.

오염된 물은 싫어요.
골프장에 뿌려진 농약과 구제역에 걸린 돼지 사체가 썩으면서 흘러나온 물은 지하수를 오염시켜. 오염된 지하수는 빗물에 쓸려 가 강과 바다까지 오염시키지.

공장 폐기물을 땅에 묻지 마세요!
공장 폐기물을 땅에 묻으면 중금속 같은 오염 물질이 흘러나와 땅을 오염시켜. 부랴부랴 법을 정해 땅에 묻는 걸 금지했지만, 그전에 묻은 폐기물이 땅의 건강을 위협하고 있어.

골프장은 싫어요.
골프장을 만들 땐 독한 살충제를 뿌려. 땅속 동물들이 흙에 구멍을 내면 골프 칠 때 점수가 안 나온다나?

무시무시한 구제역
구제역 바이러스에 감염된 수백만 마리의 돼지들이 땅에 묻히면, 땅은 썩어 가는 가축이 뿜어내는 온갖 나쁜 균들로 기운을 잃고 병들 수밖에 없어. 또 급히 묻느라 땅을 잘 다지지 못하고 필요한 시설도 제대로 갖추지 못해서, 큰비가 오면 돼지들을 묻은 장소가 무너져 버릴 수도 있어.

이제 알겠지?
무심코 행하는 이런 일들이 땅속에 사는 많은 동물들의 목숨을 위협하고 있단다.
이제부터는 너희도 관심을 가져 주지 않을래?

작가의 말

땅 지킴이 지렁이야, 고마워!

며칠째 내리던 비가 그치고 화창하게 갠 어느 여름날,
아스팔트 도로 위에 납작하게 붙어 있는 지렁이 한 마리를 만났습니다.
"쯧쯧, 저러다 지렁이 통구이 되겠네."
뜨겁게 달궈진 아스팔트 위의 지렁이가 불쌍해서 혀를 끌끌 차는데,
지렁이가 퉁명스럽게 말을 걸었습니다.
"구경만 하지 말고 흙으로 좀 데려다 주지 그래?"
촉촉한 화단으로 얼른 옮겨 주자 지렁이는 흙을 우걱우걱 씹으며
끝도 없는 수다를 떨기 시작했습니다.
수다쟁이 토룡이와의 첫 만남이었지요.
토룡이는 '흙 토(土)' 자에 '용 용(龍)' 자를 써
'땅속의 용'이라는 뜻을 가지고 있답니다.
토룡이가 들려주는 땅속 세상 이야기에 나는 입이 쩍 벌어졌습니다.
우리가 살고 있는 세상처럼, 땅속에서도 매일매일
흥미진진한 일들이 벌어지고 있었거든요.
다양한 벌레와 벌레를 먹고사는 동물들, 곰팡이나 박테리아 등이
서로서로 돕거나, 쫓고 쫓기며 살고 있는 땅속 세상.
그 속에서 지렁이는 꾸물꾸물 흙을 파헤치고 다니면서 땅을 기름지게 하는 농부이자,
엄청난 먹성으로 쓰레기를 먹어 치우는 '땅속 청소부'라는 것을 알게 되었습니다.

골프장 건설, 농약과 화학 비료 살포, 쓰레기 매립, 아스팔트 건설 등
사람이 편하자고 하는 일들이 얼마나 땅을 오염시키고 있는지도 말이에요.
나는 바쁜 토룡이를 대신해 이 이야기를
다른 사람들에게도 전해 주기로 약속했습니다.
이 땅의 모든 토룡이들이 열심히 먹고, 부지런히 싸고,
'땅 지킴이' 역할을 다할 수 있도록
어린이 여러분이 응원해 주면 좋겠습니다.

권혜정

글 권혜정

한국외국어대학교에서 중국어를 공부했고, 어린이책 작가 교실에서 동화 쓰는 법을 공부했습니다. 아스팔트에서 우연히 만난 수다쟁이 지렁이와의 약속을 지키기 위해 이 글을 쓰게 되었습니다. 쓴 책으로는 《뱅글뱅글 탐정 추리 50》《역사가 뱅글뱅글》《세계가 뱅글뱅글》 등이 있습니다.

그림 소노수정

어느 날 다니던 회사를 그만두고 들어간 청강문화산업대학 만화창작과에서 제 꿈을 다시 찾을 수 있었습니다. 박인하, 모해규, 최호철, 홍윤표, 김은권, 정철 교수님께 깊은 감사를 전합니다.
《강이 설이의 세계 문화 체험》《도시락》《두잇》 등의 만화를 그렸고, 《칭찬 한봉지》《저요! 저요!》에 그림을 그렸습니다.
이 책을 읽은 어린이 여러분! 실제로 땅속에 손을 넣어 보세요. 토룡이가 '안녕?' 하고 '톡톡' 인사를 할지도 모른답니다.

감수 와이즈만 영재교육연구소

즐거움과 깨달음, 감동이 있는 교육 문화를 창조한다는 사명으로 우리나라의 수학, 과학 영재교육을 주도하면서 창의 영재수학과 창의 영재과학 교재 및 프로그램을 개발했습니다. 구성주의 이론에 입각한 교수학습 이론과 창의성 이론 및 선진 교육 이론 연구 등에도 전념하고 있습니다. 국내 최고의 사설 영재교육 기관인 와이즈만 영재교육에 교육 콘텐츠를 제공하고 교사 교육을 담당하고 있습니다. 이 책은 이현진 선임연구원이 감수했습니다.